TU PLANIFICADOR DE HORARIOS

SEGUNDA EDICIÓN

TU
PLANIFICADOR
DE HORARIOS

SEGUNDA EDICIÓN

Un método para trabajar
con intensidad en un mundo lleno
de distracciones

CAL NEWPORT

REVERTÉ MANAGEMENT

THE TIME-BLOCK PLANNER
TU PLANIFICADOR DE HORARIOS

Copyright © 2020, 2023 by Calvin C. Newport

Todos los derechos reservados, incluido el derecho de reproducción total o parcial en cualquier forma.

Esta edición se publica por convenio con Portfolio, un sello de Penguin Publishing Group, una división de PenguinRandom House LLC.

© **Editorial Reverté, S. A., 2023**
Loreto 13-15, Local B. 08029 Barcelona – España
revertemanagement.com

Edición en papel
ISBN: 978-84-17963-89-7

Editores: Ariela Rodríguez / Ramón Reverté
Coordinación editorial y maquetación: Patricia Reverté
Traducción: Irene Muñoz Serrulla
Revisión de textos: Mariló Caballer Gil

Impreso en España – *Printed in Spain*
Depósito legal: B 18158-2023
Impresión y encuadernación: Liberdúplex
Barcelona – España

108

NOTA DEL AUTOR PARA LA SEGUNDA EDICIÓN

Tu planificador de horarios fue ideado y desarrollado, en gran parte, durante el otoño de 2019 y principios del invierno de 2020. Entonces, no tenía forma de saber que estábamos a unos meses de una pandemia mundial que desestabilizaría de forma radical las relaciones de cada uno de nosotros con nuestros trabajos. La intención primigenia de esta herramienta era ayudar a los trabajadores del conocimiento a avanzar en objetivos importantes y, al mismo tiempo, hacerse con el control de un diluvio de solicitudes y tareas entrantes. Resolvía, y sigue haciéndolo, este problema de forma correcta. Sin embargo, el paso precipitado al trabajo en remoto que conllevó la pandemia creó un problema más profundo. Los límites entre lo profesional y lo personal se diluyeron, y las enormes demandas de ambos mundos dieron lugar a una mezcla desordenada de constante e inquietante actividad. Fue en este momento de caos cuando la planificación por bloques temporales brilló de verdad. La insistencia de este método por crear un plan personal y fiable para la gestión del tiempo, en lugar de reaccionar simplemente ante cualquier demanda entrante que captara nuestra atención, se debe a que ofrece una sensación de autonomía y calma en un torbellino que, de otra forma, sería destructivo. Sin duda, *Tu planificador de horarios* te ayudará a hacer más cosas, pero muchos de los que lo usaron por primera vez aprendieron que también te proporciona algo igual de poderoso: control sobre el carácter y el ritmo de tu día. A principios de 2020, no estaba seguro de si comprendía por completo la importancia de este último objetivo. Hoy sí.

En los casi tres años que han pasado desde que se publicó por primera vez este planificador, he recibido una gran cantidad de comentarios útiles generados a partir de pruebas de campo en el mundo real, en muchos y diferentes contextos profesionales. Esta segunda edición de *Tu planificador de horarios* recoge lo mejor de estos comentarios. Un cambio importante es el tratamiento de los fines de semana y la planificación semanal. La primera versión del planificador incluía dos páginas para la planificación de los fines de semana y dos páginas para anotar los planes semanales, es decir, cuatro páginas en total. Sin embargo, me di cuenta de que aconsejaba a la gente, cada vez con más insistencia, que *evitara* la planificación detallada para los fines de semana, puesto que es beneficioso tomar descansos regulares de los exigentes requisitos de los bloques de tiempo. También descubrí que la mayor parte de las personas no necesitaban dos páginas enteras para la planificación semanal. Por eso, en esta nueva edición, he concentrado la planificación semanal y la del fin de semana en solo dos páginas enfrentadas. El número de páginas liberadas fue significativo, y las pude destinar a incluir semanas adicionales en el planificador, lo que permite reducir el número total de planificadores necesarios para abarcar un año completo.

Esta es una nueva edición de *Tu planificador de horarios*, pero es poco probable que sea la última. Como me gusta decir a mis lectores y oyentes del pódcast: cuando compras este planificador, no estás comprando solo un cuaderno, estás comprando un *sistema* de planificación. A medida que vaya recibiendo más comentarios, seguiré ajustando y mejorando el producto físico. Seguiré ofreciendo consejos actualizados sobre este método en el boletín electrónico de mi pódcast (para más información, visita calnewport.com). Si eres nuevo en la planificación por bloques de tiempo, prepárate para que tu vida profesional cambie a mejor. Si ya tienes práctica en esta habilidad, estoy seguro de que disfrutarás de estas últimas mejoras. En cualquier caso, terminemos con la frase de despedida familiar para los planificadores por bloques de tiempo de todo el mundo: «Cierre completo».

Cal Newport
Takoma Park, MD
Septiembre 2022

EL PODER DE LOS BLOQUES DE TIEMPO

Tu planificador de horarios expone un sistema de productividad personal que he ido perfeccionando a lo largo de los últimos quince años. Durante este tiempo me he sacado un doctorado en Ciencias de la Computación en el MIT, he obtenido la plaza de profesor en la Universidad de Georgetown y, además, he publicado seis libros para el público en general, entre ellos varios bestsellers. Pero lo más importante —y uno de los aspectos que creo que diferencia a mi sistema de cualquier otro—: logré todo esto sin trabajar más tarde de las 17:30 horas. Necesito tener las tardes libres para cuidar a mis tres hijos. Mi sistema de productividad lo hizo posible, y el planificador que tienes en las manos te permitirá aplicarlo en tu propia vida profesional.

En estas detalladas instrucciones vas a aprender que el núcleo de mi sistema es una estrategia simple, aunque poderosa, llamada *planificación por bloques de tiempo*. La mayoría de la gente emprende su jornada laboral intentando tachar cosas de una lista de tareas en los intervalos de tiempo que quedan entre una reunión y la respuesta a emails y mensajes de texto. Por el contrario, el hacer bloques de tiempo, requiere decidir *a priori* en qué queremos invertir cada minuto del día. En lugar de intentar «ser productivo» en general, divides tu tiempo en bloques y les asignas una tarea específica. Este cambio crucial, el de pasar de la gestión de tareas a la gestión del tiempo, puede aumentar *en gran medida* la cantidad de trabajo útil que realizas; y, además, proporciona una sensación de control sobre los horarios, por lo que se reduce la ansiedad.

Yo no soy el inventor de la planificación por bloques de tiempo. En cuanto se empezó a analizar en serio la productividad personal, se empezaron a difundir los beneficios de esta estrategia. Benjamin Franklin, en su autobiografía, dice: «Cada parte de mi actividad ha de tener su tiempo asignado». A continuación, él ponía un ejemplo de horario que divide sus horas de actividad en bloques, cada uno de ellos dedicado a una tarea productiva diferente. Peter Drucker, en su clásico de 1967, *El ejecutivo eficaz*, uno de los primeros libros sobre productividad profesional que se han escrito, se hace eco del compromiso de Franklin para gestionar el tiempo en lugar de las tareas. «Desde mi punto de vista, los ejecutivos eficaces no empiezan con sus tareas. Empiezan con su tiempo», escribe. En un artículo más reciente, publicado en una famosa web sobre trayectorias profesionales, cuenta que tanto Bill Gates como Elon Musk desarrollan variaciones de la planificación por bloques de tiempo para impulsar sus «peculiares» niveles de logros.

En otras palabras, durante muchos años, grandes amantes de la productividad han aplicado con mucho éxito esta técnica. Este planificador te ayudará a seguir su ejemplo, proporcionándote las herramientas necesarias para diseñar y ejecutar tus propios bloques de tiempo efectivos. Lo que no encontrarás en este planificador es un sustitutivo de tu calendario. Asumo que ya gestionas tus reuniones y tus citas de otra forma, en calendarios digitales compartidos que cada vez más organizaciones imponen a sus empleados. Aunque tendrás que copiar actividades de tu calendario en tu planificador de horarios, este no será su espacio a largo plazo.

Este planificador tampoco te proporciona el espacio para almacenar de forma permanente todas las tareas y obligaciones de las que eres responsable en la actualidad. En estos tiempos, quienes realizan un trabajo intelectual tienen que cargar con cientos de responsabilidades en cualquier momento; y simplemente no resulta práctico hacer un seguimiento de cada una de ellas en un cuaderno de notas que hay que sustituir varias veces al año. Al utilizar este método de planificación, tendrás que seleccionar tareas de cualquier otro sistema que utilices para copiarlas en tu planificador de horarios; sin embargo, como ocurre con las reuniones y las citas, este tampoco será el lugar principal para guardarlas.

La planificación por bloques de tiempo se centra en un objetivo más específico: aprovechar al máximo el tiempo y la concentración que tienes disponible cada día para dedicarte al trabajo. Ya sabes lo que tienes que hacer. Este planificador te ayuda a hacer más cosas y de la forma más consciente que nunca te imaginaste. Pero dejémonos de preámbulos. Entremos en detalle para ver con exactitud cómo funciona este planificador...

SEMANA 1 DÍA 1

Indicadores diarios

cierre completo ☐

TAREAS:	IDEAS:

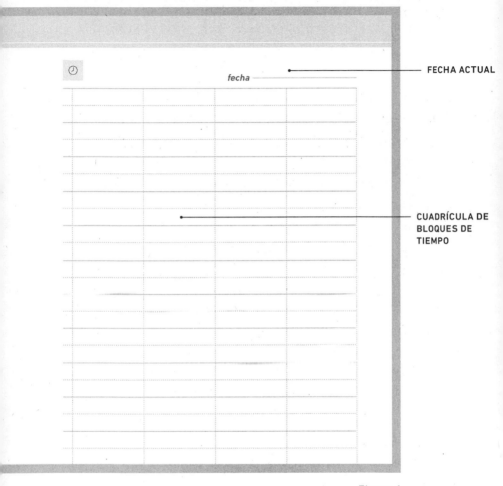

fecha — FECHA ACTUAL

CUADRÍCULA DE
BLOQUES DE
TIEMPO

Figura 1

5

INSTRUCCIONES PARA USAR EL PLANIFICADOR DE HORARIOS

El planificador de horarios asigna dos páginas enfrentadas a cada día laboral. Yo las llamo *páginas diarias*. También dedica dos páginas enfrentadas al fin de semana que se pueden utilizar para estructurar el sábado y el domingo, y planificar la semana siguiente; las llamo *páginas semanales*. En estas instrucciones nos referiremos a las páginas semanales más adelante. De momento, vamos a centrarnos en las páginas diarias, puesto que son la clave de la disciplina de planificación de este sistema.

Como se muestra en la figura 1, las páginas diarias contienen varios elementos.

En la parte derecha está la cuadrícula de bloques de tiempo. Aquí asignarás los horarios a los bloques de tiempo para el día en cuestión. En la parte izquierda, hay un par de columnas para recoger las obligaciones o ideas que van surgiendo mientras estás ejecutando un bloque de tiempo. Si en el mismo instante en el que surgen esas interferencias las anotas para tratarlas más adelante, evitarás que tu atención se desvíe. En la parte izquierda de las páginas diarias también hay un recuadro específico para el seguimiento de indicadores, diseñado para valorar los comportamientos que identificas como cruciales para tener éxito en tu vida profesional. En ese recuadro se encuentra la casilla de «cierre completo», que indica que has completado el ritual de cierre del día. Como verás, este ritual se ha convertido en uno de los favoritos de los seguidores de este sistema.

Vamos a repasar el uso de cada elemento de la página diaria, uno por uno. Empezaremos por el más importante: la cuadrícula de bloques de tiempo.

USO DE LA CUADRÍCULA DE BLOQUES DE TIEMPO

Al iniciar tu jornada de trabajo, tienes que pasar a la siguiente hoja diaria vacía y anotar la fecha en la casilla de la parte superior de la derecha. Ya estás listo para crear un horario de bloques de tiempo para ese día. Para ello utilizarás la cuadrícula de bloques de tiempo (en la página derecha); cada línea horizontal continua representa una hora, y cada línea de puntos representa media hora.

		(1) Tareas matinales
9		
	Acabar	− Clasificar emails
	el informe	− Enviar el formulario
10		− Llamar a Karen
11	(1)	− Completar el test
	Estudio del	
	cliente X	
12		
	Comida	
	con Sam	
13		
14	Email	
15	Planificar	
	la reunión	
16	Revisar el texto	
	y cerrar	

Figura 2

Desplazándote de arriba abajo, marca las líneas continuas de la parte izquierda de la página con las horas en las que tienes previsto trabajar durante ese día. Por ejemplo, si vas a trabajar de 9:00 a 17:00 h, la primera línea continua será la de las 9:00, la segunda la de las 10:00, y así hasta las 17:00 h.

Ahora puedes crear un horario de bloques de tiempo para esas horas. Cuando diseñes tu primer horario del día, utiliza la primera columna de la cuadrícula. Más tarde ya utilizarás las otras columnas si necesitas adaptar tu horario en función de los acontecimientos del día.

Para diseñar el horario, divide tus horas de trabajo en bloques de tiempo y asigna a cada bloque el trabajo específico que planeas realizar durante ese tiempo. Registra este horario en la cuadrícula de bloques de tiempo, dibujando recuadros alrededor del tiempo registrado por cada bloque y etiqueta cada bloque con el trabajo que le has asignado. Si necesitas más espacio para la descripción de un bloque —por ejemplo, si quieres enumerar varias tareas que tienes previsto hacer durante un bloque corto—, pon un número en el bloque y utiliza ese mismo número para detallar una lista de información adicional en la esquina superior derecha de la cuadrícula de bloques de tiempo, donde es poco probable que interfieras en las futuras correcciones de tu organización. Para afianzar estas instrucciones, fíjate en la figura 2 que muestra un ejemplo de cronograma de bloques de tiempo.

Cuando organices los horarios para los bloques de tiempo, primero debes consultar tu calendario, para asegurarte de que estás añadiendo bloques de tiempo para las reuniones o las citas que ya tenías programadas. A continuación, la decisión importante es qué hacer con el tiempo libre que te queda. Antes de tomar estas decisiones, consulta cualquier sistema externo que utilices para hacer un seguimiento y organizar todas las tareas, proyectos y objetivos a largo plazo u otras obligaciones de las que seas responsable en ese momento. Lo que estás

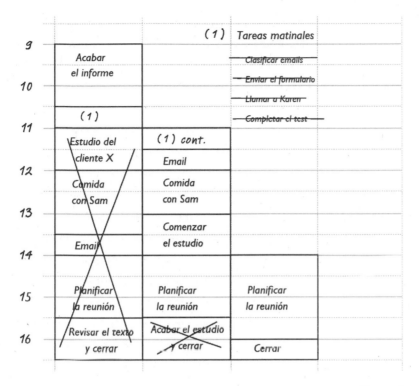

			(1) Tareas matinales
9			
	Acabar el informe		~~Clasificar emails~~
10			~~Enviar el formulario~~
			~~Llamar a Karen~~
11	(1)		~~Completar el test~~
	Estudio del cliente X	(1) cont. Email	
12	Comida con Sam	Comida con Sam	
13		Comenzar el estudio	
14	Email		
15	Planificar la reunión	Planificar la reunión	Planificar la reunión
16	Revisar el texto y cerrar	Acabar el estudio y cerrar	Cerrar

Figura 3

buscando es que tu agenda te sirva para progresar en las actividades correctas.

Por último, has de tener en cuenta factores como la mejor hora del día para hacer algo: tal vez la primera hora sea mejor para pensar en tareas importantes, y la última hora del día sea mejor para realizar tareas más triviales. Y también has de considerar cómo te sientes.

Si estás agotado, quizá necesites un horario diseñado para poder ponerte al día con las obligaciones administrativas; mientras que, si te sientes con energía, quizá quieras reservar grandes bloques de tiempo sin interrupciones para proyectos más intensos.

A medida que avanza el día, debes usar tu horario para determinar qué trabajo deberías estar haciendo en cada momento. Es importante que no dejes que tu atención se desvíe. Céntrate solo en el trabajo programado para el bloque actual hasta que lo completes. Si vas a necesitar descansos, prográmalos.

Es inevitable que de vez en cuando te saltes lo programado. Por ejemplo, puede que una tarea determinada te haya llevado más tiempo de lo previsto, o que tu jefe te haya pedido que lo dejes todo para abordar un nuevo encargo urgente. En estos casos, no has de abandonar el programa de bloques de tiempo, sino que has de *corregirlo* cuando te sea posible. Para hacer una corrección, primero tacha los bloques de tiempo que quedan en tu horario actual; en segundo lugar, en la siguiente columna hacia la derecha, tienes que crear un nuevo horario para esas horas restantes y pasar a ejecutar la nueva planificación. Si este horario revisado se altera en algún momento, repite el mismo proceso: tacha los bloques que quedan y programa los nuevos bloques para ese tiempo en la siguiente columna de la derecha. Y así sucesivamente. La figura 3 muestra un ejemplo de este proceso de corrección de horarios sobre la marcha.

Otra opción que hay es la de escribir el programa de bloque con un lápiz, borrar cuando haya que hacer las correcciones necesarias y volver a escribir los bloques en la misma columna. En general, evito este método por dos razones: el hecho de borrar y volver a escribir puede ser tedioso y, además, me gusta tener un registro de los cambios realizados, ya que pueden ayudarme a identificar los errores recurrentes de programación.

CONSEJOS AVANZADOS PARA LOS BLOQUES DE TIEMPO

Consejo #1: Acepta las correcciones de horarios.

El objetivo de dividir el tiempo en bloques no es que te ciñas al horario original pase lo que pase. Se trata de que intentes tener siempre un plan consciente sobre qué hacer con tu tiempo. El que las circunstancias alteren tu horario no es un fracaso, sino un factor posible cuando aplicas esta estrategia. Cuando vuelvas a tener la oportunidad, tan solo modifica el horario para el tiempo que queda de tu jornada, para que sigas teniendo el control de en qué centrar tu atención.

Consejo #2: Al principio, programa más tiempo del que crees que necesitas.

Los que se inician en este método subestiman por defecto la duración de las actividades laborales habituales. Si es la primera vez que lo utilizas, puedes ahorrarte correcciones innecesarias de la programación aumentando el tamaño de los bloques de tiempo que consideras razonables en un 20 o un 30 por ciento. Cuando ya hayas aplicado este método durante varios meses, empezarás a tener un conocimiento más realista de lo que dura cada actividad, y podrás empezar a construir bloques más precisos sin necesidad de inflar los tiempos.

Consejo #3: Agrupa la comunicación por email y mensajes de texto en sus propios bloques.

Muchas personas que realizan un trabajo intelectual no consideran que revisar el correo electrónico o los demás canales de mensajería instantánea sea una actividad independiente. En cambio, piensan que es algo que siempre se hace en paralelo con el trabajo principal. *Rotundamente,* desaconsejo tal mentalidad: esos rápidos chequeos de las distintas vías de comunicación reducen de manera significativa tu capacidad cognitiva debido a los costes de transición de la red neuronal. Agrupa el tiempo que vas a emplear en el correo electrónico o la mensajería en bloques específicos para ello. Cuando llegues a uno de esos bloques, solo has de comunicarte y, cuando no estés en uno de estos bloques, no te comuniques. Si tu trabajo requiere que compruebes estas herramientas a menudo, programa muchos bloques para hacerlo, pero no dejes que estas tareas se conviertan en algo informal que ocurre en un segundo plano.

Consejo #4: Utiliza los «bloques condicionales» para añadir flexibilidad a tu horario.

Si no estás seguro de cuánto tiempo puede llevarte ejecutar una actividad determinada, divídela en dos bloques. Dedica el primero a trabajar en esa actividad. El segundo asígnalo a las actividades que dependen de lo que haya sucedido en el primer bloque: *si* necesitas más tiempo para la actividad inicial, utiliza el segundo bloque para terminarla; por otro lado, *si* has terminado la actividad inicial, utiliza el segundo bloque para una actividad secundaria que hayas planificado. De este modo, evitarás tener que hacer correcciones innecesarias en tu calendario cuando no sepas cuánto tiempo te llevará realizar un trabajo concreto.

UTILIZA LAS COLUMNAS DE RECORDATORIOS

En la parte izquierda de las páginas diarias hay dos columnas rayadas etiquetadas como «Tareas» e «Ideas». Tienen una sencilla finalidad: si mientras ejecutas lo que has programado en los bloques de tiempo surge una nueva tarea o una idea relevante, puedes anotarlas en estas columnas para tratarlas más tarde, y volver de inmediato a ejecutar el bloque en el que estabas ocupado.

Por ejemplo, puede que alguien se asome a tu despacho para pedirte que hagas algo por él o que después de una reunión se te ocurran repentinamente múltiples ideas para abordar un problema urgente. Al anotar estas intrusiones cognitivas en un área del planificador designada para ello, evitarás tener que tratarlas en el momento y, por tanto, desviar tu atención del bloque de tiempo en el que estés trabajando. Vas a estar seguro de que no se te olvidarán, pues las tienes escritas ahí mismo, negro sobre blanco, en tus páginas diarias. Seguramente, si no tuvieras un espacio de recordatorios de este tipo, el miedo a que se te olviden te haría dejar lo que estás haciendo para ocuparte de las nuevas obligaciones en ese preciso instante; esa actitud cede el control de tu agenda a los caprichos de otras personas.

Si más tarde, en el mismo día, tienes que actuar sobre los nuevos temas anotados, las columnas de recordatorios los retendrán ahí por ti, hasta que llegue el momento idóneo de arreglar tu programa de bloques para incluir este trabajo. Si los temas no son urgentes, permanecerán registrados de forma segura en las columnas de recordatorios hasta que completes tu ritual de cierre al final del día —pronto llegaremos a esto— y entonces los podrás transferir a cualquier sistema permanente que utilices para controlar tus obligaciones.

SEGUIMIENTO DE INDICADORES

Parte del arte de asignar bloques de tiempo consiste en saber qué trabajo hay que programar. Algunas de estas opciones son obvias, como la asignación de bloques para citas ya establecidas o proyectos con plazos inminentes. Pero a menudo necesitarás programar tareas menos primordiales y urgentes. Es en ello donde los indicadores personales pueden ayudarte a potenciar los resultados más importantes a largo plazo.

Un indicador personal describe un comportamiento que consideras importante y que tiene un valor cuantificable. Muchos lectores de mi libro *Céntrate* (*Deep Work*), por ejemplo, hacen un seguimiento diario de las horas que dedican a trabajar sin distracciones en tareas cognitivamente exigentes. Aceptan mi argumento de que este «trabajo intenso» debe priorizarse en una economía del conocimiento cada vez más competitiva. Su recuento diario de horas de trabajo intenso es un indicador personal que refleja el grado de cumplimiento de ese compromiso.

Algunos trabajos pueden dar lugar a indicadores que captan comportamientos específicos del tipo de trabajo en cuestión. Por ejemplo, si trabajas en el sector de las ventas, el número de llamadas que haces cada día puede ser importante, mientras que si estás en una posición de liderazgo, es posible que quieras hacer un seguimiento de a cuántas personas del equipo has supervisado en el día. Algunos indicadores se cuantifican en forma de números, mientras que otros son binarios: lo haces o no lo haces. Tal vez, imaginemos, necesitas una simple casilla de verificación para indicar si terminaste el día con la bandeja de entrada vacía o si rellenaste tu hoja de asistencia en línea.

También puedes hacer un seguimiento de los indicadores personales que son muy poco relevantes para tu trabajo. En mi caso, por ejemplo, creo con firmeza que un cuerpo sano ayuda a una mente sana. Por lo tanto, cada día hago un seguimiento de la siguiente información: cuántos pasos he dado, si he hecho ejercicio o no y si he comido de forma saludable o no. Estos indicadores personales no describen de manera exhaustiva las actividades laborales, pero los sigo junto a valores más específicos del trabajo, ya que en última instancia afectan a la cantidad de pensamiento útil que puedo extraer de mi cerebro.

El recuadro abierto sobre las columnas de recordatorios es el espacio para registrar estos indicadores cada día. Solo tienes que anotar el nombre de cada indicador, seguido del valor correspondiente, ya sea un número, un recuento de marcas o una simple casilla de verificación. El seguimiento de los indicadores personales tiene dos propósitos. El primero es psicológico: saber que vas a registrar información sobre un comportamiento clave al final del día puede motivarte a dedicar tiempo a ese comportamiento cuando diseñes tu horario, ya que no quieres tener que registrar un valor negativo para un indicador.

El segundo propósito es informativo: las casillas de seguimiento de los indicadores contendrán un registro de los resultados obtenidos, día tras día, en la ejecución de los comportamientos clave. Este registro puede revelar tendencias útiles. Por ejemplo, si estás haciendo un seguimiento de las horas de trabajo intenso, puedes percatarte de que estos valores caen en picado los martes y los jueves. Una investigación más profunda podría revelar que se debe a que esos días hay una serie de reuniones establecidas tan repartidas a lo largo del día que interrumpen cualquier intervalo de tiempo. Una vez que el problema ha sido identificado, pueden encontrarse soluciones sencillas. En este caso, tal vez sea posible reprogramar una de las reuniones para liberar un bloque de la mañana y poder dedicarlo al trabajo intenso en esos días.

En resumen, si algo es importante para ti, anótalo en el cuadro de seguimiento de indicadores. Este sencillo hábito puede infundir un comportamiento mucho más consciente en tu planificación diaria.

EL RITUAL DEL CIERRE

Una de las partes más importantes de la disciplina de programación diaria de mi sistema es la ejecución de un ritual de desconexión que ayuda a tu mente a pasar con mayor facilidad del modo «trabajo» al modo «no trabajo». Los pasos de este ritual son sencillos. Al final del horario de cada día, el último paso es cerrar el trabajo. Para ello, primero hay que asegurarse de que los indicadores personales han sido registrados. A continuación, hay que repasar las tareas e ideas de la columna de recordatorios y decidir, con cada una de ellas, qué se quiere hacer. En algunos casos, puede que haya que añadir nuevos trabajos al sistema de tareas, mientras que en otros casos puede que haya que actualizar el calendario, o incluso enviar un mensaje de texto.

Cuando hayas terminado de revisar tu columna de recordatorios, dedicarás un breve espacio de tiempo a revisar cualquier otra fuente de obligaciones laborales sin resolver. Para la mayoría, esto significa echar un último vistazo a la bandeja de entrada del correo electrónico para asegurarse de que nada urgente ha quedado en el olvido, también hay que repasar el calendario y el sistema de seguimiento de las obligaciones. Tras terminar con estas comprobaciones, repasa tu plan semanal —del que hablaremos con más detalle a continuación— y actualízalo si es necesario. El objetivo es tener claro que nada ha quedado en el olvido, se ha perdido o solo está almacenado en el cerebro, y que se tiene un plan razonable para los próximos días. Todas estas confirmaciones son la condición previa para que el cerebro pueda cambiar por completo la dirección de tu atención: del trabajo a la vida fuera del trabajo.

Para hacer esta transición, debes completar el ritual de desconexión marcando la casilla de verificación «cierre completo», en el espacio de seguimiento de indicadores —pongo esta casilla ahí porque registrar si has completado o no este ritual es, en sí mismo, un indicador personal—. Más tarde, si te ronda algo por la cabeza que te genera ansiedad por el trabajo, si comienzas a inquietarte y no paras de pensar en ese email que has de enviar, o si una y otra vez piensas que has de revisar tu plan para un nuevo proyecto, puedes detener ese murmullo de fondo con un simple recordatorio: «No habría marcado la casilla de cierre completo si no hubiera completado el ritual del cierre; lo cual me asegura que todo está bien y puedo esperar a un nuevo día de trabajo».

Así, se aborda la ansiedad sin tener que entrar en los temas específicos que la alimentan.

LAS PÁGINAS DE PLANIFICACIÓN SEMANAL

Hasta ahora, en estas instrucciones hemos hablado de los distintos elementos de las páginas de planificación diaria, que están pensadas para ayudarte a controlar tu tiempo de lunes a viernes. Las páginas diarias de cada semana también van acompañadas de dos páginas para el fin de semana. Como se muestra en la figura 4, la página de la izquierda está dedicada a organizar el sábado y el domingo, mientras que la página de la derecha es para plasmar el plan semanal, una importante hoja de ruta para la semana siguiente. Hablaremos de ambas con más detalle.

Trabajar con bloques de tiempo es eficaz, pero también puede ser agotador. Por eso suelo aconsejar a la gente que no haga bloques de tiempo durante los fines de semana: estos dos días deben proporcionar un respiro al esfuerzo de asignar trabajo a cada minuto del día. Por eso la agenda proporciona una sola página para organizar todo el fin de semana. La página está dividida en dos columnas, una para el sábado y otra para el domingo. Las casillas vacías que se incluyen para cada día se pueden utilizar para anotar actividades informales, como recordatorios de citas («Cena con los Smith a las 19:00») o cosas pendientes que esperas hacer («Cortar el césped»). Estas casillas también se pueden utilizar para apuntar indicadores diarios, suponiendo que tu hábito de seguimiento se extienda al fin de semana. El espacio rayado debajo de estas casillas que lleva la etiqueta «Notas de fin de semana» se puede utilizar para apuntar ideas o tareas que surjan el sábado o el domingo. Te sugiero que siempre tengas en cuenta estas notas cuando crees tu plan de bloques de tiempo el lunes por la mañana. Así te asegurarás de que no se te olviden.

SÁBADO

DOMINGO

NOTAS DE FIN DE SEMANA

PLAN SEMANAL

> Pasamos gran parte del día funcionando con el piloto automático, sin pensar mucho en lo que hacemos con nuestro tiempo. Esto es algo problemático. Es difícil evitar que lo trivial se cuele en los rincones de tu agenda si no te enfrentas, sin inmutarte, a tu equilibrio actual entre el trabajo profundo y el superficial, y luego adquieres la costumbre de hacer una pausa antes de actuar y preguntarte: «¿Qué es lo que tiene más sentido en este momento?».

Figura 4

La parte derecha de las páginas de fin de semana incluye un espacio para planificar la semana siguiente. Esta página es sencilla a propósito. En lo relativo a la planificación semanal, me he dado cuenta de que es fundamental ser flexible. El estilo o formato de tu planificación debe ajustarse a los retos de la semana que tienes por delante.

Independientemente del formato que prefieras utilizar, debes elaborar tu plan semanal durante el fin de semana, antes del inicio de la semana o el lunes a primera hora. Cuando lo elabores, revisa tu calendario y el sistema que utilices para controlar tus obligaciones, proyectos y objetivos. A algunas personas les gusta vaciar su bandeja de entrada de correo electrónico como parte de ese proceso de planificación para sentir que empieza una nueva semana. Para otras personas, este objetivo es inviable. En cualquier caso, la elaboración de estos planes requiere tiempo. Yo suelo dedicar entre 30 y 60 minutos para ponerme al día de lo que está por venir en la semana siguiente y a decidir cómo enfocarlo.

Puede que al principio sientas que estás perdiendo el tiempo que dedicas a esa planificación, como si estuvieras perdiendo una hora que podrías dedicar a completar tareas reales. Te animo a que te quites esa idea de la cabeza. Al principio, la planificación puede llevar su tiempo, pero el tiempo que inviertas en planificar te volverá en forma de mayor productividad durante la semana. Entre otros beneficios, identificarás patrones importantes que te ayudarán a organizarte para alcanzar más logros. Por ejemplo, si ves que de miércoles a viernes estás muy ocupado por la visita de un cliente, puedes compensar esa falta de tiempo trabajando más intensamente, sin interrupciones, el lunes o el martes. O, si sabes que vas a estar fuera de la empresa todo el viernes, puedes ajustar tu horario del jueves para asegurarte de que todo estará bien atado antes del viaje.

A veces, el hábito de hacer la planificación semanal puede motivarte a cambiar las citas que ya tienes en el calendario. Por ejemplo, después de intentar terminar un proyecto importante y no poder dedicarle las horas suficientes, puede que veas que has de cancelar o reprogramar algunas citas no urgentes —un café con un colega, una reunión de lluvia de ideas para un proyecto que a lo mejor no se lleva a cabo...— y dejar espacio para los trabajos más urgentes.

Los planes semanales también son importantes porque te permiten abordar objetivos que necesitan más de un día de trabajo. Si al principio de la semana, por ejemplo, decides escribir un artículo que te llevará entre diez y quince horas de investigación y redacción, tu plan semanal te ayudará a repartir esa tarea en varios días. Existen menos probabilidades de que acabes haciendo todo el trabajo necesario si, en cambio, te limitas a planificar cada día a medida que va llegando.

La combinación de planes semanales de alto nivel con la planificación por bloques detallados de tiempo diarios es la que saca la máxima capacidad de este sistema de productividad. El enfoque semanal/diario te permite mover las obligaciones como si fueran las piezas de un tablero de ajedrez, y establecer planes en tu agenda que te permitan realizar impresionantes cantidades de trabajo, a la vez que estás pendiente tanto de las pequeñas demandas como de las tareas que te exigen más tiempo y dedicación. Mientras tus compañeros reaccionan como locos ante las entradas de nuevas tareas y los plazos de entrega a medida que van surgiendo —a menudo trasnochando para intentar compensar sus desordenadas agendas—, tú afrontarás cada día con una confianza justificada.

Construye planes semanales que sean inteligentes. Utiliza estos planes para desarrollar programas diarios efectivos de bloques de tiempo. Ejecuta esos horarios diarios con intensidad y, cuando termines el día, desconecta por completo. Este es el ritmo de una vida profesional productiva y satisfactoria al máximo. Y eso es, exactamente, lo que este planificador te va a ayudar a conseguir.

Indicadores diarios

cierre completo ☐

TAREAS:	IDEAS:

SEMANA 1 DÍA 2

Indicadores diarios

cierre completo ☐

TAREAS:	IDEAS:

SEMANA 1 DÍA 3

Indicadores diarios

cierre completo ☐

TAREAS:	IDEAS:

fecha

SEMANA 1 DÍA 4

Indicadores diarios

cierre completo ☐

TAREAS:	IDEAS:

fecha _____

SEMANA 1 DÍA 5

Indicadores diarios

cierre completo ☐

TAREAS:

IDEAS:

NOTAS DE FIN DE SEMANA

PLAN SEMANAL

Pasamos gran parte del día funcionando con el piloto automático, sin pensar mucho en lo que hacemos con nuestro tiempo. Esto es algo problemático. Es difícil evitar que lo trivial se cuele en los rincones de tu agenda si no te enfrentas, sin inmutarte, a tu equilibrio actual entre el trabajo profundo y el superficial, y luego adquieres la costumbre de hacer una pausa antes de actuar y preguntarte: «¿Qué es lo que tiene más sentido en este momento?».

Indicadores diarios

cierre completo ☐

TAREAS:

IDEAS:

fecha

Indicadores diarios

cierre completo ☐

TAREAS:

IDEAS:

SEMANA 2 DÍA 3

Indicadores diarios

cierre completo ☐

TAREAS:	IDEAS:

Indicadores diarios

cierre completo ☐

TAREAS:	IDEAS:

SEMANA 2 DÍA 5

Indicadores diarios

cierre completo ☐

TAREAS:	IDEAS:

SÁBADO

DOMINGO

NOTAS DE FIN DE SEMANA

PLAN SEMANAL

Pocas personas quieren pasar tanto tiempo en línea, pero las aplicaciones de redes sociales y sitios web tienen una forma de fomentar conductas adictivas. La necesidad de consultar Twitter o de actualizar Reddit se convierte en un tic nervioso que rompe el tiempo dedicado al trabajo sin interrupciones en fragmentos demasiado cortos que no favorecen la atención necesaria para poder llevar una vida con intención. Hay que resistirse a esta realidad.

Indicadores diarios

cierre completo ☐

TAREAS:	IDEAS:

fecha _____

SEMANA 3 DÍA 2

Indicadores diarios

cierre completo ☐

TAREAS:	IDEAS:

fecha _____

SEMANA 3 DÍA 3

Indicadores diarios

cierre completo ☐

TAREAS:	IDEAS:

Indicadores diarios

cierre completo ☐

TAREAS:	IDEAS:

SEMANA 3 DÍA 5

Indicadores diarios

cierre completo ☐

TAREAS:	IDEAS:

fecha _____

SÁBADO

DOMINGO

NOTAS DE FIN DE SEMANA

PLAN SEMANAL

El trabajo superficial es inevitable, pero debes limitarlo hasta un punto en el que no estorbe a tu capacidad de aprovechar al máximo los esfuerzos más profundos que, en última instancia, determinan tus aportaciones.

SEMANA 4 DÍA 1

Indicadores diarios

cierre completo ☐

TAREAS:	IDEAS:

fecha

SEMANA 4 DÍA 2

Indicadores diarios

cierre completo ☐

TAREAS:	IDEAS:

fecha

Indicadores diarios

cierre completo ☐

TAREAS:	IDEAS:

Indicadores diarios

cierre completo ☐

TAREAS:	IDEAS:

fecha

Indicadores diarios

cierre completo ☐

TAREAS:	IDEAS:

SÁBADO   DOMINGO

NOTAS DE FIN DE SEMANA

PLAN SEMANAL

Si intentas mantener varias conversaciones electrónicas mientras trabajas en una tarea principal, como redactar un informe o codificar un programa informático, la corteza prefrontal debe cambiar continuamente de un objetivo a otro. Estos cambios no son instantáneos, sino que requieren tiempo y recursos cognitivos. Y cuando intentas hacerlo rápidamente, las cosas se complican.

Indicadores diarios

cierre completo ☐

TAREAS:	IDEAS:

fecha

SEMANA 5 DÍA 2

Indicadores diarios

cierre completo ☐

TAREAS:	IDEAS:

fecha

Indicadores diarios

cierre completo ☐

TAREAS:

IDEAS:

SEMANA 5 DÍA 4

Indicadores diarios

cierre completo ☐

TAREAS:	IDEAS:

fecha _____

Indicadores diarios

cierre completo ☐

TAREAS:	IDEAS:

SÁBADO

DOMINGO

NOTAS DE FIN DE SEMANA

PLAN SEMANAL

Tener plazos y obligaciones rondando por tu cabeza es agotador: hace imposible relajarse por completo y, con el tiempo, puede llevarte a un colapso. Sin embargo, cuando sabes qué trabajo tienes que hacer y cuándo es como si te quitaras un peso de encima. La incertidumbre desaparece: cuando trabajas puedes concentrarte más en la tarea que tienes delante, y cuando te relajas, puedes hacerlo sin preocupaciones.

Indicadores diarios

cierre completo ☐

TAREAS:

IDEAS:

fecha

Indicadores diarios

cierre completo ☐

TAREAS:	IDEAS:

fecha _____

SEMANA 6 DÍA 3

Indicadores diarios

cierre completo ☐

TAREAS:	IDEAS:

SEMANA 6 DÍA 4

Indicadores diarios

cierre completo ☐

TAREAS:	IDEAS:

SEMANA 6 DÍA 5

Indicadores diarios

cierre completo ☐

TAREAS:	IDEAS:

fecha

NOTAS DE FIN DE SEMANA

PLAN SEMANAL

Tu objetivo no es ceñirte a toda costa a un horario determinado; de lo que se trata es de tener, en todo momento, una idea meditada sobre lo que haces con tu tiempo, incluso si tus decisiones se han de reajustar una y otra vez a medida que se pasa el día.

SEMANA 7 DÍA 1

Indicadores diarios

cierre completo ☐

TAREAS:	IDEAS:

SEMANA 7 DÍA 2

Indicadores diarios

cierre completo ☐

TAREAS:	IDEAS:

fecha _____

Indicadores diarios

cierre completo ☐

TAREAS:	IDEAS:

SEMANA 7 DÍA 4

Indicadores diarios

cierre completo ☐

TAREAS:	IDEAS:

fecha

SEMANA 7 DÍA 5

Indicadores diarios

cierre completo ☐

TAREAS:	IDEAS:

SÁBADO

DOMINGO

NOTAS DE FIN DE SEMANA

PLAN SEMANAL

Thoreau escribió: «Creo que no podría mantener la salud ni el espíritu sin dedicar al menos cuatro horas diarias, y habitualmente más, a pasear por bosques, colinas y praderas, libre de toda atadura mundana». La mayoría de nosotros nunca alcanzará ese compromiso de Thoreau, pero si nos inspiramos en su visión y tratamos de pasar el tiempo que sea razonable paseando y dedicándonos al «noble arte» de caminar, también disfrutaremos del placer de preservar nuestra salud y nuestro espíritu.

SEMANA 8 DÍA 1

Indicadores diarios

cierre completo ☐

TAREAS:	IDEAS:

fecha _____

SEMANA 8 DÍA 2

Indicadores diarios

cierre completo ☐

TAREAS:	IDEAS:

SEMANA 8 DÍA 3

Indicadores diarios

cierre completo ☐

TAREAS:	IDEAS:

fecha _____

Indicadores diarios

cierre completo ☐

TAREAS:	IDEAS:

SEMANA 8 DÍA 5

Indicadores diarios

cierre completo ☐

TAREAS:	IDEAS:

SÁBADO

DOMINGO

NOTAS DE FIN DE SEMANA

PLAN SEMANAL

Cuando el trabajo se reduce a un estado natural permitiendo que los procedimientos se desarrollen de manera distendida, el comportamiento resultante es cualquier cosa menos utópico.

Indicadores diarios

cierre completo ☐

TAREAS:	IDEAS:

Indicadores diarios

cierre completo ☐

TAREAS:	IDEAS:

SEMANA 9 DÍA 3

Indicadores diarios

cierre completo ☐

TAREAS:	IDEAS:

SEMANA 9 DÍA 4

Indicadores diarios

cierre completo ☐

TAREAS:	IDEAS:

SEMANA 9 DÍA 5

Indicadores diarios

cierre completo ☐

TAREAS:	IDEAS:

SÁBADO   DOMINGO

NOTAS DE FIN DE SEMANA

PLAN SEMANAL

Si sobrevaloras tu tiempo libre, es probable que pospongas el trabajo hasta que sea demasiado tarde. Y esto te lleva a trasnochar, a sufrir ataques de pánico y a tener un rendimiento deficiente. Un sentido realista del tiempo es, sin duda, uno de los factores más importantes para tener éxito.

SEMANA 10 DÍA 1

Indicadores diarios

cierre completo ☐

TAREAS:

IDEAS:

SEMANA 10 DÍA 2

Indicadores diarios

cierre completo ☐

TAREAS:	IDEAS:

Indicadores diarios

cierre completo ☐

TAREAS:

IDEAS:

Indicadores diarios

cierre completo ☐

TAREAS:	IDEAS:

SEMANA 10 DÍA 5

Indicadores diarios

cierre completo ☐

TAREAS: | **IDEAS:**

SÁBADO   DOMINGO

NOTAS DE FIN DE SEMANA

PLAN SEMANAL

_____
_____
_____
_____
_____
_____
_____
_____
_____
_____
_____
_____
_____
_____
_____
_____
_____
_____
_____
_____
_____
_____
_____
_____
_____
_____

En ocasiones, la gente se pregunta si la naturaleza estructurada de la planificación por bloques de tiempo ahoga la creatividad. Entiendo esta inquietud, pero en esencia es errónea. Si controlas tu horario (1) puedes asegurarte de que siempre dedicas tiempo a los esfuerzos intensos que son importantes para la búsqueda creativa; y (2) el alivio del estrés que se deriva de esta sensación de organización te permite profundizar en tus bloques de creatividad y ser más efectivo.

Indicadores diarios

cierre completo ☐

TAREAS:	IDEAS:

Indicadores diarios

cierre completo ☐

TAREAS:	IDEAS:

Indicadores diarios

cierre completo ☐

TAREAS:

IDEAS:

SEMANA 11 DÍA 4

Indicadores diarios

cierre completo ☐

TAREAS:	IDEAS:

fecha _____

SEMANA 11 DÍA 5

Indicadores diarios

cierre completo ☐

TAREAS:	IDEAS:

SÁBADO   DOMINGO

NOTAS DE FIN DE SEMANA

PLAN SEMANAL

La clave para desarrollar un hábito de trabajo intenso es ir más allá
de las buenas intenciones y añadir rutinas y rituales a tu vida laboral,
diseñados para minimizar la cantidad de tu fuerza de voluntad, que es
limitada, para pasar a un estado de concentración ininterrumpida y
mantenerlo.

Indicadores diarios

cierre completo ☐

TAREAS:	IDEAS:

fecha _____

SEMANA 12 DÍA 2

Indicadores diarios

cierre completo ☐

TAREAS: **IDEAS:**

fecha _____

SEMANA 12 DÍA 3

Indicadores diarios

cierre completo ☐

TAREAS:

IDEAS:

fecha _____

Indicadores diarios

cierre completo ☐

TAREAS: | **IDEAS:**

Indicadores diarios

cierre completo ☐

TAREAS:	IDEAS:

NOTAS DE FIN DE SEMANA

PLAN SEMANAL

Al facilitar la comunicación con herramientas como el correo electrónico, provocamos involuntariamente un aumento masivo de nuestras cargas de trabajo relativas. No hay nada fundamental en este nuevo aumento de la carga de trabajo, sino que se trata de un efecto secundario involuntario: una fuente de estrés y ansiedad que podemos reducir si estamos dispuestos a alejarnos del frenético ir y venir que caracteriza al mundo laboral moderno.

SEMANA 13 DÍA 1

Indicadores diarios

cierre completo ☐

TAREAS:	IDEAS:

SEMANA 13 DÍA 2

Indicadores diarios

cierre completo ☐

TAREAS:	IDEAS:

SEMANA 13 DÍA 3

Indicadores diarios

cierre completo ☐

TAREAS:	IDEAS:

SEMANA 13 DÍA 4

Indicadores diarios

cierre completo ☐

TAREAS:	IDEAS:

fecha

SEMANA 13 DÍA 5

Indicadores diarios

cierre completo ☐

TAREAS:	IDEAS:

NOTAS DE FIN DE SEMANA

PLAN SEMANAL

En la era de las redes de comunicación, los trabajadores del conocimiento sustituyen el trabajo intenso por una alternativa más superficial: enviar y recibir emails como si fueran routers de red humanos, con pausas frecuentes para distracciones rápidas. Los esfuerzos que requieren una reflexión profunda, como la elaboración de una nueva estrategia empresarial o la redacción de una importante solicitud de ayuda económica, se fragmentan con distracciones que producen una calidad deficiente.

SEMANA 14 DÍA 1

Indicadores diarios

cierre completo ☐

TAREAS:	IDEAS:

fecha

Indicadores diarios

cierre completo ☐

TAREAS:	IDEAS:

fecha

Indicadores diarios

cierre completo ☐

TAREAS:	IDEAS:

fecha _____

SEMANA 14 DÍA 4

Indicadores diarios

cierre completo ☐

TAREAS:

IDEAS:

SEMANA 14 DÍA 5

Indicadores diarios

cierre completo ☐

TAREAS:	IDEAS:

fecha

SÁBADO   DOMINGO

NOTAS DE FIN DE SEMANA

PLAN SEMANAL

Me tomo muy en serio los bloques de tiempo. Mi objetivo es asegurarme de que avanzo en la dirección correcta al ritmo adecuado según los plazos correspondientes. Para mí, este tipo de planificación es como una partida de ajedrez en la que los bloques de trabajo se colocan estratégicamente para que los proyectos grandes encajen con los pequeños justo con el tiempo que necesitan.

SEMANA 15 DÍA 1

Indicadores diarios

cierre completo ☐

TAREAS:	IDEAS:

fecha

SEMANA 15 DÍA 2

Indicadores diarios

cierre completo ☐

TAREAS:	IDEAS:

SEMANA 15 DÍA 3

Indicadores diarios

cierre completo ☐

TAREAS:	IDEAS:

Indicadores diarios

cierre completo ☐

TAREAS:	IDEAS:

SEMANA 15 DÍA 5

Indicadores diarios

cierre completo ☐

TAREAS:	IDEAS:

fecha

SÁBADO

DOMINGO

NOTAS DE FIN DE SEMANA

PLAN SEMANAL

En un momento de inspiración, centré mi atención en un hábito que
continúa hasta el día de hoy: llevo la cuenta de las horas que dedico
cada mes a trabajar a fondo en problemas difíciles. Esta estrategia de
seguimiento de las horas me ayudó a volver a centrar mi atención,
por encima de todo, en la calidad de lo que produzco.

SEMANA 16 DÍA 1

Indicadores diarios

cierre completo ☐

TAREAS:	IDEAS:

fecha _____

SEMANA 16 DÍA 2

Indicadores diarios

cierre completo ☐

TAREAS:	IDEAS:

fecha

SEMANA 16 DÍA 3

Indicadores diarios

cierre completo ☐

TAREAS:

IDEAS:

Indicadores diarios

cierre completo ☐

TAREAS: **IDEAS:**

Indicadores diarios

cierre completo ☐

TAREAS:

IDEAS:

fecha _____

SÁBADO

DOMINGO

NOTAS DE FIN DE SEMANA

PLAN SEMANAL

Cuando pregunté a un grupo de alumnos cuál era la habilidad más importante para obtener sobresalientes sin terminar destrozado, aludieron a la capacidad de hacer el trabajo con rapidez y sin desperdiciar esfuerzos. ¿Cómo conseguir este objetivo? Gran parte de la solución es el tiempo: se gana en eficiencia al comprimir el trabajo en ráfagas de concentración. Para entender el poder de este enfoque, considera la siguiente fórmula: trabajo realizado = tiempo empleado × intensidad de la concentración.

PROCESO Y PROCEDIMIENTO

Ya has superado dieciséis semanas de planificación por bloques de tiempo. Espero que durante este periodo te hayas sentido más productivo y con más control sobre tu trabajo. Antes de pasar a un nuevo planificador de horarios para las próximas dieciséis semanas, es importante que te tomes un tiempo para procesar lo que has aprendido de las semanas anteriores. Te sugiero que revises las páginas de tu planificador centrándote en:

- **Completar los indicadores.** Examina los indicadores personales para obtener una imagen mejor de tu actividad durante estas semanas. Si haces un seguimiento de las horas de trabajo intenso, por ejemplo, este es un buen momento para examinar cuántas de esas horas has completado de media. Si no estás contento con la cifra resultante, puede que sea el momento de plantearte serios cambios en tu planificación del trabajo. Del mismo modo, si ves que te cuesta completar un indicador determinado, puedes modificar la característica que estás midiendo para que sea más viable.

- **Programar reajustes.** Revisa los días en los que tu horario requirió múltiples cambios. Estudia el origen de esas interrupciones. Por ejemplo, puede ser que siempre subestimes el tiempo necesario para realizar una actividad determinada. Es útil saberlo. Si la interrupción es externa —por ejemplo, tu jefe tiene la costumbre de pasar por tu oficina para pedirte que «estudies con rapidez» la última gran idea que ha tenido—, podría tener sentido poner en marcha un proceso que te permita atender estas peticiones sin tener que cambiar toda tu agenda.

- **Asignar tiempos.** En términos generales, cuando repasas los horarios recientes, entiendes mejor cómo empleas el tiempo en la práctica. ¿Tus días están casi siempre fragmentados por reuniones? ¿Cuál es la proporción del tiempo dedicado al correo electrónico respecto del tiempo total? La mayoría de las personas que desarrollan un trabajo intelectual nunca se enfrentan de manera directa a la realidad de sus esfuerzos profesionales; pero hacerlo es crucial, aunque a veces pueda resultar algo incómodo. Para pasar de estar ocupado a ser eficaz hay que entender con exactitud cómo se está empleando el tiempo, identificar lo que no nos gusta de esas asignaciones y, a continuación, buscar con firmeza la solución.

Una vez que hayas revisado y procesado esta información, estarás listo para volver a empezar con un nuevo planificador de horarios, armado con conocimientos que te convertirán en un «planificador de bloques de tiempo» aún más eficaz que antes. Cuando se trata de tu vida laboral, si no controlas tu tiempo, otros lo harán por ti. Espero que tu experiencia con los bloques de tiempo hasta ahora te haya ayudado a apreciar la ventaja de la primera opción.